BEI GRIN MACHT SICH IHR WISSEN BEZAHLT

Strategische Unternehmensführung. Fallbeispiel für ein Fitnessstudio im Premium-Segment

Kristina Damm

Bibliografische Information der Deutschen Nationalbibliothek:

Die Deutsche Nationalbibliothek verzeichnet diese Publikation in der Deutschen Nationalbibliografie; detaillierte bibliografische Daten sind im Internet über http://dnb.d-nb.de abrufbar.

ISBN: 9783346616708
Dieses Buch ist auch als E-Book erhältlich.

Druck und Bindung: Books on Demand GmbH, Norderstedt Germany
Gedruckt auf säurefreiem Papier aus verantwortungsvollen Quellen

Das vorliegende Werk wurde sorgfältig erarbeitet. Dennoch übernehmen Autoren und Verlag für die Richtigkeit von Angaben, Hinweisen, Links und Ratschlägen sowie eventuelle Druckfehler keine Haftung.

Das Buch bei GRIN: https://www.grin.com/document/1184786

Deutsche Hochschule für
Prävention und Gesundheitsmanagement
Hermann-Neuberger-Sportschule 3
66123 Saarbrücken

Hausarbeit

Name, Vorname	Damm, Kristina
Studiengang	MPGM
Studienmodul	Strategische Unternehmensführung I
Datum Präsenzphase (siehe Ergebnisdokumentation)	28.10. – 30.10.2021
Aufgabe	Erstellung eines Strategieberichts für ein Gesundheitsstudio in Düsseldorf

Inhaltsverzeichnis

1 Darstellung der Ausgangssituation

In jedem Alter sind gesundheitsförderne Verhaltensweisen wichtig. Sie steigern unser Wohlbefinden und wirken Krankheiten entgegen. Bedeutend sind präventive Maßnahmen im Hinblick auf übertragbare Erkrankungen und auf die Entstehung chronischer Erkrankungen. Die Weltgesundheitsorganisation (WHO) empfiehlt ein ausgewognes Maß an körperlicher Aktivität im Alltag und einen täglichen Obst- und Gemüsekonsum (Robert-Koch-Institut, Journal of Health Monitoring, 2021, 6(3), S. 28). Gerade während der COVID-19 Pandemie rückt die körperliche, aber auch psychische Gesundheit in den Vordergrund. Einsamkeit, soziale Isolation und verringerte körperliche Aktivität stellen wesentliche Gesundheitsrisiken dar (Robert-Koch-Institut, Journal of Health Monitoring, 2021, 6(S4), S. 2). Fitnessstudios bieten besonders in Pandemiezeiten eine Möglichkeit die psychische und physische Widerstandskraft zu stärken.

1.1 Wahl des Standortes

Anmerkung der Redaktion: Diese Abbildung wurde aus urheberrechtlichen Gründen entfernt.

Abb 1: Standort des Unternehmens. Maßstab 50m. (Google Maps, 2021)

Das Fitnessstudio „ El Sporto" befindet sich in der Blumenstraße 9, in 40212 Düsseldorf. Zu den führenden Luxuseinkaufsstraßen Europas zählt die Königsallee, die sich nur eine Straße weiter befindet. Das Premmium-Fitnessstudio liegt in der Stadtmitte und ist mit dem Buss, der Staßenbahn, der S-Bahn, der RegionalBahn, der U-Bahn, zu Fuß und mit dem Auto gut erreichbar. Parkmöglichkeiten bieten sich sowohl auf der Straße, als auch im Parkhaus des Schadow Arkaden an, welches direkt gegenüber liegt.

1.2 Beschreibung des Unternehmenstyps

Nachfolgend wird eine Übersicht der Produkte beziehungsweise Dienstleistungen und ihre Geschäftsfelder dargestellt.

Tab. 1: Geschäftsfelder und Dienstleistungen/ Produkte von El Sporto (eigene Darstellung)

Geschäftsfelder	Dienstleistungen/Produkte
Fitness	Gerätetraining, Fitnesskurse, Funktionelles Training, Personaltraining, Ernährungsberatung, Five-Parcours, Schwimmbad
Prävention/ Rehabilitation	Rehabilitationssport für Orthopädie und Innere Medizin, Präventionskurse nach §20 SGB V
Wellness	Massage, Sauna, Wirlpool
Ballsport	Tennis, Squash

Zur Zielgruppe zählen neben Touristen die Anwohner anderer Stadtteile und Berufspendler die:

- durch Kraft- und Ausdauertraining einen Ausgleich zum stressigen Arbeitsalltag schaffen wollen,
- sich für den Rehabilitationssport interessieren (genehmigte Verordnung der Krankenkasse nötig oder als Selbstzahler)
- durch präventive Maßnahmen oder eine Ernährungsumstellung ihre Lebensqualität nachhaltig erhöhen möchten
- zur Ruhe kommen wollen
- oder sich in den angebotenen Ballsportarten austoben und verbessern möchten.

Im Fitnessbereich soll neben dem klassischen Gerätetraining (Gerätepark und Seilzugsysteme, Freihantelbereich, Milon-Zirkel) auch ein funktioneller Trainingsraum zur stärkung der Widerstandskraft der Skelettmuskulatur eingerichtet werden.

Da Rückenschmerzen zu 85 bis 90 Prozent muskulär bedingt sind (Leinmüller, 2008, S.1657; Ohlendorf & Bundschuh, 2015, S. 167), sollen regelmäßige Wirbelsäulenscreenings sowie eine Körperanalyse durchgeführt werden. Zusätzlich sollen die Mitglieder mit regelmäßig überarbeitetetn Ernährungsplänen ausgestattet werden. Hierfür stehen den Mitgliedern qualifizierte Trainer und Ernährungsberater zur verfügung.

Auch der Cardiobereich soll neben klassischen Ausdauergeräten wie beispielsweise Radergometern, Laufbändern, Crosstrainern und Rudergeräten auch Treppensteiger, Handergometer („Handfahrrad"), Liegefahräder, Stepper und Spinningbikes anbieten.

Das Personaltraining (zehner Karten oder Einzelstunden) ist sowohl für Mitglieder als auch für externe Kunden gegen einen Aufpreis buchbar.

Die Gruppenkurse, die bei gutem Wetter auf einer eigenen Grünfläche (von externen Gruppentrainern und internen Trainern) durchgeführt werden, sprechen verschiedene

Zielgruppen im Bereich: Gesundheitskurse (beispielsweise Wirbelsäulengymnastik oder Aqua Aerobic), Cardio-Fitness (beispielsweise Zumba), Body and Mind (beispielsweise Qi-Gong) und PowerKurse (wie beispielsweise Hot Iron) an. Die Teilnahme am Rehabilitationssport (Orthopädie oder Innere Medizin) erfolgt bei genehmigter Verordnung durch die Kostenübernahme der Krankenkasse oder als Selbstzahler. Die Präventionskurse nach §20 SGB V, mit den Handlungsfeldern Bewegungsgewohnheiten, Ernährung oder Stressmanagement bieten nachhaltige Lebensstilveränderungen an, die wie der Rehabilitationssport von zertifizierten Trainern durchgeführt werden. Neben diesen gesudheitlichen Aspekten sollen über den Rehabilitationssport und die Präventionskurse Neukunden gewonnen werden. Wer sich für die Ballsportarten Tennis oder Squash interessiert, hat die Möglichkeit (gegen Aufpreis) sich beispielsweise mit Freunden und Bekannten oder aber mit einem der vier Trainer, auf einem der jeweils 3 Plätze, eine oder mehrere Stunden lang auszutoben und die Qualität seiner Schläge zu verbessern. Saunagänge, eine Auszeit in einem der drei Wirlpools und Massagen sollen nach einem anstrengenden Arbeitstag (oder Training) zur Erholung und Entspannung dienen. Massagestunden werden gegen Aufpreis von 25 bis 60 € gebucht und von staatlich anerkannten Masseuren durchgeführt. Der Monatsbeitrag (zuzüglich einmaliger Startgebühren) liegt zwischen 60€ bis 99€. Somit bewegt sich das Fitnessstudio im Premium-Segment.

2   Phase der strategischen Zielplanung

Eine professionelle und individuelle Betreuung steht für alle Altersklassen im Vordergrund. Für die Umsetzung dieses Anspruchs ist eine Erarbeitung der strategische Zielplanung essentiell.

2.1   Unternehmerische Vision / Mission / Grundwerte

Am Anfang einer unternehmerischen Tätigkeit steht die Vision. Sie stellt ein elementartes Instrument der strategischen Umsetzung und Führung dar (Simon & Gathen, 2010, S. 15). Die Unternehmensvision gibt die Richtung für weiteres unternehmerisches Handeln vor. Sie soll den Mitarbeitern eine Orientierung bieten. Des Weiteren soll die Motivation durch das kreative und aktive Mitwirken an der Unternehmensentwicklung erhalten bleiben (Hecker, 2012, S. 45-47).

Tab. 2: Übersicht der Unternehmerischen Vision, Mission und Grundwerte des Fitnessstudios El Sporto (eigene Darstellung)

	El Sporto
Vision	„Neue Horizonte entdecken durch Vertrauen, Mut und Entschlossenheit"
Mission	Auf freundschaftlichen und fast schon familiären Verhältnissen soll das Fundament gebaut werden. Die Mitglieder sollen ihre Komfortzone verlassen und immer wieder neue Horizonte entdecken. Dabei soll nicht nur das regelmäßige Training im Vordergrund stehen, sondern auch die eigene Persönlichketi. Körper, Geist und Seele sollen miteinander harmonieren und eine Leistungsoptimierung in allen Bereichen des Lebens ermöglichen.
Grundwerte	herzlichkeit und gegenseitige Unterstützung, kulturelle Vielfalt, erstklassige Leistung, lass dich auf das Abenteuer ein

Das Fitnessstudio El Sporto möchte in Zukunft weitere Studios weltweit eröffnen, um seinen Kunden und ihrer individuellen Zielsetzung Umsetzungsmöglichkeiten bieten zu können.

Eine zentrale Rolle spielen dabei die Unternehmenswerte. Grundwerte „tragen und prägen das Unternehmen als soziales System, das sich mit seinen Werten seine eigene Wirklichkeit schafft" (Glauner, 2013, S. 14). Sie stellen treibende Kräfte für die Unternehmensentwicklung dar. Zudem legen sie fest, wie innerhalb des Unternehmens gehandelt werden soll (Glauner, 2013, S. 14).

Durch die Grundwerte des Unternehmens El Sporto und dessen Kernkompetenzen soll eine Einzigartigkeit geschaffen werden. Das Training soll unter anderem qualitativ und wertvoll für jeden einzelnen Kunden sein und dessen Lebensstil nachhaltig verändern (Becker, 2011, S. 33). Das Studio legt großen Wert auf eine positive Umgangsform mit seinen Stakeholdern. Ein respektvolles sowie freundliches und persönliches Miteinander ist hierbei unerlässlich.

Welchen Nutzen hält ein Unternehmen bereit und weshalb existiert es?

Antwort darauf gibt die Mission. Diese bezieht sich auf die Gegenwart und kann jahrelang unverändert bleiben (Müller-Stewens & Lechner, 2011, S. 227).

Die Unternehmensmission ist Teil der Unternehmenskultur und muss regelmäßig über-prüft werden. Diese definiert, wem die Produkte oder Dienstleistungen angeboten werden sollen und wie sich das Unternehmen präsentiert. Hierfür werden die Fragen nach Kun-dengruppen, dem Kundennutzen und nach den Kundenbedürfnissen beantwortet (Welge, Al-Laham & Eulerich, 2017, S. 203).

Ein aktives Gesundheitstraining rückt immer mehr in den Vordergrund. Immer mehr Menschen möchten mit körperlicher Aktivität ihre Gesundheit und das Wohlbefinden för-dern (Kamberovic et al., 2020, S. 8). Hier möchte El Sporto ansetzen und dazu beitragen, dass das individuell gestaltete Training durch kompetentes Fachpersonal unterstütz wird, um größtmögliche Erfolge zu erzielen.

2.2 Strategische Zielplanung

Für eine langfristige Entwicklung legt jedes unternehmen Ziele fest. So kann eine Aus-richtung beziehungsweise Orientierung gewährleistet werden (Welge, Al-Laham & Eu-lerich, 2017, S. 207). Aufgrund der zuvor formulierten Vision, der Grundwerte und Mis-sion des Fitnessstudios El Sporto setzt dieses sich folgende Ziele:

Tab. 3: Unternehmensziele des Unternehmens El Sporto (eigene Darstellung)

Ziele	Beschreibung
Aufbau eines Kooperationsnetzwerkes	Gwinn Kooperationspartner (1-3 Jahre): Durch Gesundheitspartner zu einer besseren Marktpositionierung (beispiels-weise Leasingpartner für Gerätepark, Physiotherapeut, Tennis/Squash Trainer), Krankenkassen und Ärzte
Marktanteil gewinnen	Gewinn von 300 Neukunden in 12 Monaten, Expansion in vier weitere Groß-städte (Anfang viertes Quartal, zehn Jahre)
Aufbau eines kompenenten Teams	Innerhalb der ersten drei Jahre: fünf Übungsleiter/innen für Rehabilitationssport (Orthopädie und Innere Medizin), drei externe Kurstrainer/innen, zwei Studen-ten/Studentinnen und sechs Trainer/innen mit angehendem/abgeschlossenem Bachelor- oder Masterstudium im Bereich Fitnessökonimie (B.A./M.A.), Fitness-training(B.A.), Ernährungsberatung (B.A.), Gesundheitsmanagement (B.A.), Sportökonomie (B.A.) Ernährungswissenschaften(M.A.), oder Gesundheits- und Präventionsmanagement (M.A.), vier Rezeptionsfachkräfte, jeweils zwei Tennis und Squash Trainer mit A-Lizenz
Kundengewinnung	Regelmäßig geschaltete Angebote über Zeitung und social Media, sowie in Arzt-praxen/ Krankenkassen, Gewinnaktion zur Neueröffnung

2.3 Branchenvergleich

Um sich auf dem Markt etablieren und weltweit expandieren zu können, muss sich
El Sporto mit regionalen und überregionalen Fitnessstudios vergleichen, um sich durch-
setzen zu können. Die nachfolgende Tabelle stellt neben der Vision und Mission, auch
die Grundwerte dreier Wettbewerber gegenüber.

Tab. 4: Vision, Mission und Grundwerte im Branchenvergleich (eigene Darstellung)

	Fitness First	Physé	JOHN REED
Vision	,,DNA von Fitness First"	,,Bringen Sie Bewegung in Ihre Bewegung: Next Level Training".	,,Wir sind der weltweite Innovationsführer in den Bereichen Fitness und Lifestyle".
Mission	,,Wir motivieren Menschen"	Individuelle Trainingspläne von Physiotherapeuten erarbeitet	,,Mit unseren starken Marken und zukunftsweisenden Konzepten sorgen wir dafür, wesentlicher Bestandteil des aktiven Alltags unserer Kunden zu sein. In einem Zeitalter, in dem Mobilität und Vernetzung zunehmend an Bedeutung gewinnen, ruhen wir uns nicht auf unseren Erfolgen aus, sondern erschließen stetig neue Felder. Unsere Ideen und ihre Verwirklichung setzen immer wieder neue Maßstäbe und liefern Impulse weit über die Branche Fitness, Lifestyle und Design hinaus".
Grundwerte	teamorientiert, leidenschaftlich, dynamisch und flexibel, ambitioniert, empathisch	einzigartige Unterstützung im Anschluss an eine Physiotheraie	professionell, leidenschaftlich, emotional

Ein Vergleich der Wettbewerber macht deutlich, dass alle auf die Fitness, das Wohlbefinden und die Gesundheit ihrer Mitglieder und potenzieller Neukunden abzielen. Hierfür
wird höchste Qualität geboten. Während Fitness First in Deutschland und weltweit die
Fitness seiner Mitglieder und somit die Gesundheit verbessern möchte, zielt Physé auf
die qualitative Trainingsplanerstellung an den Kraftgeräten ab.

Physé möchte sich als erster Ansprechpartner für physiotherapeutisches Wissen mit einem Training an smarten Geräten in seiner Region etablieren.

Auch JOHN REED will deutschlandweit und in der ganzen Welt seine Kunden mit Freude am Training durch neuen Herausforderungen motivieren. Zudem möchte dieser durch die Präsenz im Alltag seiner Mitglieder neue Maßstäbe schaffen und diese immer wieder begeistern.

El Sporto möchte zunächst deutschlandweit, dann europaweit und später, wie Fitness First und JOHN REED, in der ganzen Welt expandieren. Die Grundwerte sind in diesem Vergleich sehr ähnlich. Allerdings unterscheiden Fitness First und El Sporto dabei zwei Arten:

1. Was unsere Kunden erwarten und wie wir den Umgang mit Kollegen und Kolleginnen und uns selbst gestalten, sowie
2. Werte aus unternehmerischer Sicht.

Der Branchenvergleicht verdeutlicht, dass die Fitnessstudios sich in ihren Visionen, Missionen und Grundwerten ähneln. Es müssen Strategien entwickelt werden, die für die Kunden einen deutlich höheren Mehrwert schaffen, um langfristig erfolgreich den Markt dominieren zu können.

3 Phase der strategischen Analyse und Prognose

Damit ein Unternehmen seine Zielplanung erfolgreich umsetzten kann, ist zunächst eine systematische Analyse erforderlich. Nachfolgend werden die einzenlen Wettbewerbskräfte untersucht.

3.1 Branchenstrukturanalyse

Das „Five Forces-Modell" nach Porter (Porter, 2000, S. 29) dient zur genaueren identifizierung der Marktkräfte. Porter hat Strukturmerkmale, die die Dynamik und Intensität des Wettbewerbs beeinflussen definiert. Folgend werden diese angewendet.

Tab. 5: Five-Forces-Modell nach Porter - El Sporto (eigene Darstellung)

Potenzielle Mitbewerber		
• Hoch: Ansiedlung von Fitnessketten. Ebenfalls höheres Preissegment und hohe Serviceleistung (beispielsweise EMS-Training, Lady Fitness) • Markteintritt: Studios mit günstigeren Preis-Leistungsverhältnissen. Gefährdung langfristiger, stabiler und wirtschaftlicher Kundenbeziehung		
Zulieferer	**potenzielle**	**Kunden**
• Keine Lieferantenmacht. Flexibel austauschbar, beispielsweise auch im Bereich Nutrition (zum Beispiel Eiweisspulver)	**Mitbewerber/ Rivalität** • Trotz möglicher Markteintrittsbarrieren (beispielsweise Ressourcen, soziale Faktoren) besteht ein Branchenwachstum und anhaltender Preiskampf. → klassische Fitnessstuios, Personaltrainer, Influencer, Vereine, Fitnessketten (Premium/ Discount)	• Enorme Verhandlungsmacht des Kunden (durch Informationsquelle: Internet) in Bezug auf Preis-und Vertragspolitik • Erwartung des Abnehmers & zunehmende Preissensibilität: mittel • Hohes Abnehmervolumen aufgrund von beruflichem Alltag
Ersatzprodukte		
• Beispielsweise Sportvereine, Freizeit- und Sportanlagen, Fitness-Apps, Hometrainer, Onlineportale, Trendsportarten und Technologien wie Nintendo Wii (Sportspiele) → günstige und flexible Alternativen, allerdings ohne Fachpersonal. Stellen zudem keine Konkurrenz zu ganzheitlichem Training dar.		

3.2 SWOT-Analyse

Bei der SWOT-Analyse handelt es sich um die Kombination der Chancen-Risiken- und der Stärken-Schwächen-Analyse. Die Unternehmens- und Umweltanalyse werden hierbei verknüpft. Das Stärken-Schwächen-Profil visualisiert die Ergebnisse der Ressourcenanalyse. Einerseits soll diese (auf bestehenden Märkten) erfolgreiche Wettbewerbsstrategien identifizieren. Andererseits gibt sie Hinweise auf die Entwicklung in der jeweiligen Unternehmensumwelt (Bea & Haas, 2013, S.128). Die folgenden Tabellen stellen die Analyse und Strategien für das Unternehmen El Sporto dar.

Tab. 6: Umwelt- und Unternehmensanalyse des Unternehmens El Sporto (eigene Darstellung)

(interne) Ressourcenanalyse	
Strenghts (Stärken)	**Weaknesses (Schwächen)**
• Qualifiziertes Fachpersonal (Studenten oder abgeschlossenes B.A. oder M.A. Studium), individuelles und ganzheitliches Trainingskonzept • Attraktives Angebot (zum Beispiel inklusive Präventionskurse nach §20 SGB V, Rehabilitationssport und Tennis/Squash, 1:1 Betreuung) • Parkplätze • Kooperationen (beispielsweise Physiotherapeuten) • Klimaanlage	• Kostenintensiv (beispielsweise qualifizierte Mitarbeiter, breites Angebot) • Branchenwachstum (Zunahme der Dienstleistungen) • geringe Auslastung in Sommermonaten (Outdooraktivitäten als möglicher Kundigungsgrund) • Fehlende Kinderbetreuung • Kein Bekanntheitsgrad
(externe) Unternehmensanalyse	
Opportunities (Chancen)	**Threats (Risiken)**
• Zunehmende Digitalisierung (beispielsweise digitale Kursprogramme, Online-Fitness, Ernährungsblog/ Gesundheit) • Bewerbung weiterer Zusatzleistungen (Gewinnoptimierung, Promotion) • Aktionen zu den vier Jahreszeiten • Wachsendes Gesundheitsbewusstsein	• Starker Wettbewerb (beispielsweise Ketten Premiumsegment, Personal Trainer) und somit höhere Kündigungbereitschaft (zum Beispiel günstigeres Preis-Leistungs-Verhältnis) • Mögliches Fortbleiben von potenziellen Neukunden durch Corona-Krise

El Sporto betrachtet das indivuduelle und ganzheitliche Training als Stärke. Durch eine qualitative Kundenbetreuung (ausschließlich Studenten oder Bachelor- und Masterabsolventen), können Mitglieder in absehbarer Zeit gröstmögliche Erfolge erzielen. Für die Umsetzung des Hygiene- und Sicherheitskonzepts (vor allem in Corona-Zeiten) sorgt eine hygienebeauftragte Mitarbeiterin. Ein Hinderniss für die Marktpositionierung stellt der Bekanntheitsgrad dar. Zudem sind die hohen Beiträge als weitere Schwäche anzusehen, die trotz hoher Leistung Neukunden abschrecken könnte. Als Chance lässt sich die Digitalisierung nutzen, die heute schon einen großen Platzt in unserer Gesellschaft einnimt (Kamberovic et al., 2021, S. 11). Angebote wie Online-Kurse oder Lifestyle-Blogs können die Zielgruppe erweitern und mehr Flexibilität im Kundenalltag schaffen (Institut für Generationenforschung, 2021; zitiert nach Statista 2021). Des Weiteren bietet sich das wachsende Gesundheitsbewusstsein als Chance an. Dieses wird durch das ganzheitliche (individuelle) Trainingskonzept angesprochen (Bundesministerium für Gesundheit [BMG], 2019). Durch die, Pandemie bedingten, angeordneten Schließungen aller Studios sind die Mitgliederzahlen stark gesunken (Kamberovic et al., 2021, S. 9). Viele Haushalte haben versucht, sich mit funktionellen Trainingseinheiten, mit eigenem Körpergewicht fit zu halten.

Trotz Wiedereröffnung ist es denkbar, dass einige auch weiterhin von zu Hause aus trainieren wollen und dadurch Anmeldungen der Neu- oder Wiedereinsteiger ausbleiben. Es gilt die genannten Risiken zu reduzieren. Dies kann beispielsweise durch Kooperationen mit diversen Gesundheitspartnern, wie Ärzten, Krankenkassen oder Physiotherapeuten und dem Abschluss einer Probewoche eingerichtet werden.

Die nachstehende SWOT-Matrix stellt die Vorgehensweise dar.

Tab. 7: SWOT- Matrix des Unternehmens El Sporto (eigene Darstellung)

SWOT-Analyse	externe Analyse	
	Chancen (Opportunities)	Risiken (Threats)
Stärken (Strenghts)	S-O-Strategien (Nutzen) • Attraktive Angebote und Zusatzleiszungen (beispielsweise Ernährungsberatung, Physiotherapeuten, Tennis/Squash) • Digitales Marketing und Kooperationspartner • Flexibler Personalpool • Flache Hierachie	S-T-Strategien • Werbekampagne • Internet-Angebote • Kostensenkung durch interne Schulungen • Reduktion der Fluktuationsrate durch Kundenbindung und qualitative Kundenbetreuung (Probewoche/ Angebote) • Präsenz im Alltag der Kunden (Live-Kurse/ Blogs)
Schwächen (Weaknesses)	W-O-Strategien • Marktpositionierung durch zusätzliche Kinderbetreuung und eigenmarke Stärken • Digitalisierung für alle Mitarbeiter über Webinare	W-T-Strategien • Um Fluktuationsrate im Sommer zu senken: beispielsweise Sommerspiele/ Gewinnaktionen • Anbietervergleioch in Bezug auf Gerätehersteller/ Hygieneliferanten (Prozessoptimierung Materialfluss)

(interne Analyse)

3.3 Zielplanung

Für das Unternehmen El Sporto lässt sich festhalten, dass eine Marktpositionierung mit qualifiziertem Personal mit Mehrkosten verbunden ist. Eine Anpassung im Bereich „kompetentes Team" soll durchgeführt werden. Für das Unternehmen wäre es von Vorteil seine Mitarbeiter über Angebote, wie beispielsweise duale Studiengänge zu gewinnen. Durch die Finanzierung der Studienkosten können Personalkosten effektiv gesenkt werden. Zudem würde das Unternehmen vom aktuellen Wissensstand der Studierenden profitieren.

Im Bereich der Umsatzoptimierung besteht für Rehabilitationssportteilnehmer- und Teilnehmerinnen die Möglichkeit eine Fitnessmitgliedschaft abzuschließen. Dieses Angebot ist mit gültiger Verordnung auf eine begrenzte Zeit (Verordnungslaufzeit) vergünstigt nutzbar.

4 Phase der Strategieformulierung

Sind die Schwächen und Stärken eines Unternehmens identifiziert, sollten besonders die Stärken zielbewusst eingesetzt werden. Nachdem in der Strategischen Zielplanung der Ist-Zustand erfasst und der Soll-Zustand festgelegt wurde, zielt der nächste Schritt darauf ab, eine Strategie möglichst konkret zu fomulieren, um die Zielprojektion zu erreichen und die Lücke zum derzeitigen Status-Quo zu schließen (Bea & Haas, 2013, S. 169). Mit entsprechenden Kriterien wird die Strategie abschließend bewertet und ausgewählt. Anschließend folgt eine Phase der Implementierung.

4.1 Strategieformulierung

Unterschiedliche Strategien können auf verschiedenen Ebenen als „Maßnahmen zur Sicherung des langfristigen Erfolgs eines Unternehmens" bestimmt werden (Bea & Haas, 2013, S. 171). Auf die organisatorischen Geltungsbereiche: Unternehmens- und Geschäftsbereichsstrategien, soll sich im Folgenden konzentriert werden.

El Sporto plant im Bereich „Unternehmensebene" eine Wachstumsstrategie. Die Wettbewerbsposition dieses Unternehmens soll verbessert werden, indem es Marktanteile dazu gewinnt. Ein langfristiges Ziel ist es, das einzigartige und individuelle Trainingskonzept zunächst deutschlandweit, später europaweit anzubieten.

Durch diverse Kooperationspartner und verhaltensorientierte- sowie strukturelle Barrieren (beispielsweise Rituale) soll die Wettbewerbsposition geschützt werden (Bea & Haas, 2013, S. 183). Des Weiteren soll in regelmäßigen Abständen die Preispolitik überdacht werden (Stabilisierungsstrategie), um Angebote zu optimierten Preis-Leistungverhältnissen anbieten zu können (Bamberger & Wrona, 2012, S. 133).

Fundamental für die Differenzierungsstrategie ist die Kundenloyalität. Es soll eine Einzigartigkeit geschaffen werden, welche Konkurrenten den Markteintritt erschwert (Welge & Al-Laham, 2012, S. 213).
Demzufolge ist es wichtig die Stärken des Unternehmens und seinen Unique Selling Proposition (USP), wie beispielsweise das qualifizierte Personal und das breite Spektrum an Dienstleistungen zu bewerben.

Anhand der Unternehmensstrategie müssen Ansätze zur Bearbeitung festgelegter Geschäftsfelder abgeleitet und Wettbewerbsvorteile analysiert werden (Simon & Gathen, 2010, S. 114).

4.2 Blue Ocean-Strategie

„Das Erschaffen blauer Ozeane ist mit anderen Worten das Ergebnis einer Strategie und als solches in hohem Maß ein Produkt des Managementhandelns'' (Mauborgne & Kim, 2015, S. 82-833).

Die Geschäftswelt wird in zwei unterschiedliche Bereiche eingeteilt: rote und blaue Ozeane. Während sich die roten Ozeane mit den bereits existierenden Marktfeldern befassen, konzentrieren sich die blauen Ozeane auf die Erforschung der noch unbekannten Märkte. In roten Ozeanen sind die Wettbewerbsregeln allen Teilnehmern bekannt. Es wird versucht den Konkurrenten „klein zu kriegen''.
Die Nachfrage wird erkämpft, die Konkurrenz soll übertroffen werden, um sich so einen größeren Anteil zu sichern (Kim & Mauborgne, 2005, S. 106).
Blaue Ozeane hingegen erzeugen eine Nachfrage. Zudem bestehen höhere Gewinn- und Wachstumschancen, da in diesem Wettbewerb keine Spielregeln aufgestellt sind (Kim & Mauborgne, 2005, S. 106). Dies ermöglicht die Kosten möglichst gerin zu halten und zeitgleich den Nutzen für die Mitglieder zu erhöhen (Kim & Mauborgne, 2005, S. 109).
Es werden zwei Entstehungsarten unterschieden:

1. Kreirung völlig neuer Branchen oder
2. die Entstehung eines blauen Ozeans, der sich aus einem roten Ozean heraus entwickelt (Mauborgne & Kim, 2015, S. 77).

El Sporto möchte mit der Wim Hof Methode einen blauen Ozean erschaffen. Diese Methode besteht aus folgenden Komponenten, die miteinander Kombiniert werden:

1. Atemübungen
2. Konzentrationstraining
3. Kältetherapie (Hof 2015, S. 6).

Die Interaktion dieser Elemente soll größtmögliche Leistungen erzielen. Ein starkes Mindset (innere Haltung: Denkweisen, Verhaltensmuster und Überzeugungen) ist für die geforderte Konzentration und Fokussierung elementar.

Ziel ist es, die Techniken auch in extremen Situationen korrekt auszuführen. Neben einer Aktivierung sorgt die Atemtechnik für diverse psychologische Reaktionen und die Stärkung des Körpers. Durch Kälteeinwirkungen (beispielsweise Eis), verstärken sich die physiologischen Effekte (Hof, 2015, S. 19). Diese Methode soll bei verschiedenen Erkrankungen helfen und für eine körperliche Leistungssteigerung sorgen (Hof, 2015, S. 26).

El Sporto legt großen Wert auf einen ganzheitlichen Trainingsansatz. Aus diesem Grund stehen das Zusammenspiel von Körper und Psyche, neben der Balance von Körper, Geist und Seele im Vordergrund. Derzeit gibt es deutschlandweit kein Fitnessstudio, welches Kurse dieser Art anbietet.

Die Kurse (mit zertifiziertem Trainer) sind für alle Mitglieder inklusive.

5 Personalmanagement

5.1 Führungsverhalten

Goleman (2000, S. 78) beschreibt sechs Leadership Styles. Erfolgreiche Führungskräfte verlassen sich nicht auf einen Leadership Style. Sie wenden diese situationsbedingt an (Goleman, 2000, S. 78-80). Der direktive Stil ist in einer Krisensituation oder im Umgang mit schwierigen Mitarbeitern sinnvoll. Dieser Stil fordert das sofortige Befolgen einer Anweisung. Der visionäre Stil wird verwendet, um klare Richtungen vorzugeben (um Mitarbeiter zur Vision hinzubewegen) (Goleman, 2000, S. 82).

Der visionäre Stil ist für El Sporto unerlässlich, da das Studio eine weltweite Expansion plant. Des Weiteren ist es wichtig die emotionale Bindung und Harmonie zu fördern. Belastende Situationen können immer wieder auftreten und erfordern einen affiliativen Stil. Der partizipative Stil sorgt für das Engagement und Konsens der Mitarbeiter durch

15

ihre Mitbeteiligung. Der pacesetting Stil kommt zum Einsatz, wenn schnelle Ergebnisse erwartet werden und das Team dabei hochmotiviert und kompetent arbeiten soll. Der coachende Stil sorgt für die Leistungssteigerung der Mitarbeiter.

Diese sollen langfristig an Stärke dazugewinnen (Goleman, 2000, S. 83). Eine stetige Weiterentwicklung ist wichtig, um den Herausforderungen des Marktes gerecht zu werden (Kamberovic et al., 2021, S. 11).

Von zukünftigen Führungskräften wird eine schnelle und angemessene Anpassung an die gegebene Situation erwartet. Zudem soll diese auf verschiedene Leadership Styles zurückgreifen können. Grundlegend hierfür ist emotionale Intelligenz (Goleman, 2000, S. 78). Des Weiteren sollten Pioniergeist, Integrität und Ideenreichtum, sowie Risikofreude und schlussendlich auch Disziplin, Leistungswille und Selbstvertrauen die Grundlagen bilden. Diese Eigenschaften sind entscheidend, um der Vision von El Sporto näher zu kommen.

5.2 Recruting

Um eine geeignete Führungskraft einstellen zu können, wird eine Stellenanzeige geschaltet. Diese beinhaltet die notwendigen Qualifikationen. Bereits im Vorfeld findet eine natürliche Selektion statt (Holtbrügge, 2018, S. 115). Die Stellenanzeige muss, aufgrund der Neugründung extern erfolgen.

Mit der Methode des Assessmet Centers wird im weiteren Verlauf die Bewerberauswahl gesteuert. Diese besitzt eine hohe Prognosevalidität (Holtbrügge, 2018, S. 139). Verschiedene Testverfahren werden kombiniert. Es erfolgen analytisch-konzeptionelle Übungen, Rollenspiele und Gruppendiskussionen (Holtbrügge, 2018, S. 136). Analytisch-konzeptionelle Übungen schätzen das Analyse-, sowie Entscheidungs- und Delegationsverhalten ein. Dies geschieht auf Zeit. Die Gruppendiskussionen bewerten das Einfühlungs- und Überzeugungsvermögen. Zudem steelen diese die Sozialkompetenz fest.

Zum Problemlösungs- und Entscheidungsverhalten sowie der Teamfähigkeit sollen Rollenspiele und Unternehmensplanspiele beitragen. Diese zeigen, ob die potenzielle Führungskraft den Herausforderungen gewachsen ist (Holtbrügge, 2018, S. 136).

Deutlich wird auch, ob die angehende Führungskraft ausreichend Ideen, Risikobereitschaft und Disziplin mitbringt.

Diese Eigenschaften sind nötig um sich im stetig währenden Wettbewerb durchsetzten zu können.

6 Literaturverzeichnis

Bamberger, I & Wrona, T. (2012). *Strategische Unternehmensführung. Strategien, Systeme, Methoden, Prozesse* (Vahlens Handbücher der Wirtschafts- und Sozialwissenschaften, 2). München: Vahlen.

Bea, F. X. & Haas, J. (2013). *Strategisches Management* (Grundwissen der Ökonomik: Betriebswirtschaftslehre, 6., vollständig überarbeitete Aufl.). Stuttgart: Lucius & Lucius.

Becker, F. G. (2011). *Strategische Unternehmensführung. Eine Einführung ; mit zahlreichen Aufgaben und Lösungen* (4., neu bearbeitete Aufl.). Berin: E. Schmidt.

Bundesministerium für Gesundheit [BMG]. (2019). *Gesundheitswirtschaft im Überblick.* Zugriff am 28.10.2021. Verfügbar unter https://www.bundesgesundheitsministerium.de/themen/gesundheitswesen/gesundheitswirtschaft/gesundheitswirtschaft-im-ueberblick.html

Fitness First /Fitness First Germany GmbH, Hrsg.). (2020a). *Wer wir sind.* Zugriff am 18.10.2021. Verfügbar unter https://www.fitnessfirst.de/wer-wir-sind

Glauner, F. (2013). *CSR und Wertecockpits. Mess- und Steuerungssysteme der Unternehmenskultur.* Berlin: Springer Gabler.

Goleman, D. (2000). Leadership that gets results. *Harvard Business Review*, (März-Aprli), 78-90.

Gogle Maps. (Google LLC, Hrsg.). (2021). Blumenstraße 9, Düsseldorf. Zugriff am 18.10.2021. Verfügbar unter https://www.google.com/maps/place/Blumenstraße+9,+40212+Düsseldorf/@51.2250168,6.7783999,560m/data=!3m2!1e3!4b1!4m5!3m4!1s0x47b8ca232f87d005:0xa7245313cb7c2b1b!8m2!3d51.2250168!4d6.7805886

Hecker, F. (2012). *Management-Philosophie. Strategien für die Unternehmensführung. Grundlagen für ein erfolgreiches Management.* Wiesbaden: Springer Gabler.

Hof, I. (2015). *Innerfire. Extraordinary in everyone. Wim Hof Method. Explanation.* Zugriff am 01.11.2021. Verfügbar unter https://de.scribd.com/document/277480752/Wim-Hof-Method-Recealed

Holtbrügge, D. (2018). *Personalmanagement.* (7., überarbeitete und erweiterte Auflage). Berlin: Springer Gabler.

Institut für Generationsforschung (3. Februar, 2021). Nutzung von Online-Sportangeboten in der DACH-Region während der Corona-Pandemie 2020/2021 nach

Generationen [Graph]. In *Statista*. Zugriff am 8.10.2021, von https://de.statista.com/statistik/daten/studie/1201676/umfrage/corona-pandemie-belegung-von-online-sportkursen/

Kamberovic, R., Kündgen, F., Fütterer, S., Hollasch, K., Ludwig, S., Rump, C. et al. (2020). *Eckdaten der deutschen Fitness-Wirtschaft 2020*. Hamburg: DSSV.

Kamberovic, R., Kündgen, F., Fütterer, S., Hollasch, K., Ludwig, S., Rump, C. et al. (2021). *Eckdaten der deutschen Fitness-Wirtschaft 2021*. Hamburg: DSSV.

Kim, W. C. & Mauborgne, R. (2005). *Blue ocean strategy: from theory to practice. California management review, 47 (3)*, 105-121.

Kim, W. C. & Mauborgne, R. (2015). *Blue ocean strategy.how to create uncontested market space ans make the competition irrelevant* (Expanded edition). Boston, Mass.: Harvard Business School Publishing Corporation.

Leinmüller, R. (2008). Rückenschmerzen: Der größte Teil ist myofaszial bedingt. *Deutsches Ärzteblatt*, 105 (31-32), 1657-1658.

Mauborgne, R. & Kim, C. (2015). Die Ozean-Strategie. *Harvard Busniness Manager*, (1), 76-86.

Müller-Stewens, G. & Lecher, C. (2011). *Strategisches Management. Wie strategische Initiativen zum Wandel führen: der St. Galler General Management Navigator* (4., aktualisierte Aufl.). Stuttgart: Schäffer-Poeschel.

Ohlendorf, D. & Bundschuh, M. (2015). Rückenschmerzen. Prävention in der Arbeitsmedizin. *Zentralblatt für Arbeitsmedizin, Arbeitsschutz und Ergonomie, 3* (65), 167-168.

Porter, M. E. (2000). *Wettbewerbsvorteile. Spitzenleistungen erreichen und behaupten* (6. Aufl.). Frankfurt: Campus.

Robert-Koch-Institut (RKI). (2021). *Journal of Health Monitoring, 6(3), 28-29*. Berlin.

Robert-Koch-Institut (RKI). (2021). *Journal of Health Monitoring, 6(S4), 2-3*. Berlin.

Simon, H. & Gathen, A. von der. (2010). *Das grosse Handbuch der Strategieinstrumente. Werkzeuge für eine erfolgreiche Unternehmensführung* (2. Überarbeitete Aufl.). Frankfurt, M.: Campus.

Welge, M. K. & Al-Laham, A. (2012). *Strategisches Management. Grundlagen – Prozessimplementierung* (6.): Gabler.

Welge, M. K. & Al-Laham, A. & Eulerich, M. (2017). *Strategisches Management. Grundlagen – Prozess - Implementierung* (7., überarbeitete und aktualisierte Auflage): Wiesbaden: Springer Gabler.

Wim Hof Method (Innerfire BV, Hrsg.). (2021). *Instructors – Europe*. Zugriff am 07.11.2021. Verfügbar unter https://www.wimhofmethod.com/wim-hof-method-instructors-europe

Zeppenfeld, B. & Statista (10. März, 2021). Anteil der Befragten, der während des corona-bedingten Lockdowns im Januar 2021 folgende virtuelle Sportkurse belegen möchten: [Graph]. In *Statista*. Zugriff am 09.11.2021, von https://de.statista.com/statistik/daten/studie/1198951/umfrage/corona-lockdown-interesse-an-online-fitness/

7 Abbildungs- und Tabellenverzeichnis

7.1 Abbildungsverzeichnis

7.2 Tabellenverzeichnis

BEI GRIN MACHT SICH IHR WISSEN BEZAHLT

- Wir veröffentlichen Ihre Hausarbeit,
  Bachelor- und Masterarbeit

- Ihr eigenes eBook und Buch -
  weltweit in allen wichtigen Shops

- Verdienen Sie an jedem Verkauf

Jetzt bei www.GRIN.com hochladen und kostenlos publizieren